AF392998

CANCIÓN DE AMOR
PARA EL NUEVO AMANECER

Poemas para sanar el alma

Feli Moreno Romero

CANCIÓN DE AMOR PARA EL NUEVO AMANECER
Primera Edición: Junio 2009
Segunda Edición: Mayo 2010
Tercera Edición: Noviembre 2016
Cuarta Edición: Septiembre 2018
Quinta Edición: Enero 2023
Sexta Edición: Mayo 2023
© FELI MORENO ROMERO
© I.S.B.N.: 9788494605673
© Depósito Legal: M-39.250-2016

www.librosconatenea.es

Diseño De Portada: Gabriel Saori Zazo
Ilustraciones: Javier Roda Romero

Propósito

Quiero compartir con vosotros este poemario, que es un ramillete primaveral de amor, sentimiento, luz y alegría, recogido de la Vida y de la madre Tierra a lo largo de estos catorce años, a partir de la publicación de mi primer libro *"Canción de Vida en clave de Amor"*, a través de mis frecuentes viajes por diferentes países y centros de poder o chakras planetarios como Egipto, Glastonbury, Jerusalem, india y otros muchos, entre ellos Granada.

Deseo que la vibración y la magia de estos poemas lleguen a todos los corazones, haciéndonos sentir y vivir que la fuerza de la Unidad "Presente en la Tierra está", y que todos los seres humanos, si así lo deseamos, podemos entonar juntos una *"Canción de Amor para el nuevo Amanecer"*. Y así despertar a la nueva consciencia de paz, tolerancia y solidaridad.

En definitiva, recordar que todos somos UNO y estamos aquí para servir con amor y alegría.

Los que sueñan de día tienen conocimiento de muchas cosas que a los que sueñan de noche se les escapan.

EDGAR ALLAN POE

Si queremos, PODEMOS vivir nuestros mejores sueños.

FELI MORENO ROMERO

P.D. Bendiciones y muchas gracias a todos

EL UNIVERSO

PRÓLOGO

Hace algunos años, oí hablar de una persona de la que se decía que, con sólo mirar los pies era capaz de adivinar ("leer", decía ella) la vida y milagros de aquel que se los enseñaba. Naturalmente quise conocer a esa persona y por supuesto, que me leyera los pies. De aquel maravilloso encuentro -gracias al cual aprendí a conocerme mucho más, nació, entre otras cuantas cosas, un relato de carácter sarcástico que titulé "la Lógica de los pies" y que publiqué sin su consentimiento.

Hablando una tarde con la propietaria de tan singular talento (no es preciso que diga que se trata de Feli Moreno), me confesó cuál era la verdadera fuente de su inspiración.

- ¿Cómo? ¿Tienes una fuente? - pregunté.

Ella se rió (Feli, siempre está riendo).

Con el sigilo que requiere la confidencia, Feli me confesó aquella tarde, casi un año después de que me leyera los pies, una de las claves de toda su existencia.

- Es la Energía - dijo -. Me cargo de energía.

Como es natural, quise que me explicara más.

Uno de los cauces por los que a ella le llegaba la energía con que recargarse (exactamente igual que si fuera una batería) eran los árboles y la Naturaleza.

- ¿Los árboles? - pregunté.

- ¡Los árboles! –repitió ella, y rió una vez más, tal y como me tenía acostumbrado.

Lo que me diría a continuación me llenó de asombro.

- Me abrazo a ellos. Es así como se comunican conmigo.

No podía creerlo. ¡Una mujer que se abrazaba a los árboles! Necesitaba verlo. Y la acompañé un día al campo, para que me hiciera una demostración.

De aquella hermosa jornada nació, entre otras muchas cosas, mi novela corta "Andanzas del impresor Zollinger, la historia de un joven que, al igual que Feli me había enseñado, se abrazaba a los árboles y extraía de ellos la fuerza para vivir.

Hace un par de años fui una noche a la consulta que – como muchos de ustedes saben ella tenía, en la madrileña calle de Claudio Coello. Allí, después de contarle la razón de mi visita, esta mujer me volvió a sorprender. En lugar de recetarme píldoras, gotas o cualquiera clase de tratamiento, ¡Feli me recetó palabras! Como lo oyen: palabras.

Repite estas frases – me dijo, mientras las apuntaba en un papel – tres veces por la mañana, tras el desayuno y tres al anochecer, poco después de cenar.

No voy a desvelarles a ustedes cuáles eran aquellas palabras, no sea que de ellas infieran la enfermedad que me afligía en aquel tiempo, y que prefiero que permanezca en secreto. Me basta con que sepan que Feli receta palabras, y que las palabras que ella receta- si es que se repiten según sus consignas – sanan efectivamente las dolencias más variopintas. No tengo que decirles que, de este episodio, ha nacido otra de mis historias novelescas: "la de un médico que receta frases".

Con estos tres episodios, de apariencia cómica pero de calado profundamente espiritual, estoy ofreciendo una pista para comprender la personalidad de esta mujer, y por supuesto, de su obra.

Hemos hablado de mis pies, esto es, del Cuerpo. Hemos hablado de los árboles, es decir de la Naturaleza. Y hemos hablado, en fin, de una singular terapia por medio de frases, o sea, la palabra. Pues bien, esto es lo que puede encontrarse en este libro: Cuerpo, Naturaleza y Palabra. Estas son las tres claves para entender la poesía de Feli Moreno.

Lo primero y mas importante es que para escuchar, entender y gozar de la poesía de Feli hay que desprenderse de todo prejuicio o idea preconcebida que se tenga de la poesía. (Si escuchamos estos poemas como quien va a una velada literaria no entenderemos nada, se lo advierto desde ahora). Hay que escucharlos transcendiendo su rima y musicalidad y quedándonos con lo que enuncian. Porque lo que aquí se enuncia (se anuncia, mejor) son verdades como puños, y por eso hay que escucharlo y acogerlo como quien atiende a un oráculo.

Lo digo de corazón. Esta poesía es muy seria porque en ella su autora no se juega sólo su consideración artística, sino algo todavía más serio: su vida misma, sus convicciones más profundas.

Con esto estoy afirmando (y éste es el segundo punto de lo que quisiera comunicar respecto a este poemario) que la obra de Feli está en intima conexión con su vida: una vida dedicada casi con exclusividad a la sanación y al servicio a sus semejantes. Así las cosas, estos poemas forman parte de la actividad sanadora de Feli: son una expresión más de la misma, en este caso poética. Y yo no dudaría en calificarlos de "poemas terapéuticos" o, por ser menos snob, "poemas para sentirse bien".

Por último, si su fuente es la Revelación y su meta la Salud- y con esto concluyo-, no puede extrañar que estos versos sean esencialmente esperanzadores. En efecto, ésta es una "Poesía de la Positividad, donde se canta al Universo y a la Armonía, a la Belleza y a la Paz. Hay en la poesía de Feli un notable entusiasmo cósmico y una curiosa mezcla (que ella definiría de natural) entre los sentidos y lo espiritual.

No debo alargarme más: Cuerpo, Naturaleza, Palabra. Después de lo dicho cabría añadir: Sentidos y Espíritu. Les dejo, pues, con Feli Moreno: una de las mujeres más amorosas que he conocido y de cuya amistad me siento orgulloso, una sanadora- como a mí me gusta definirla- entregada a sus

pacientes con ejemplar generosidad, y una auténtica poetisa, en fin, como enseguida comprobarán
mediante la lectura de este volumen

Pablo d'Ors
Madrid, Primavera de 2007

A LA VIDA

AMANECER

*T*odo me parece un sueño,
todo es dulce realidad,
si Tú permites que sueñe
¿Quién lo podría evitar?
Nada ni nadie podrá
parar este bello sueño,
que ya es dulce realidad.
¡Despertad montes y valles
que el sol os quiere besar!
vistiendo nuevos colores
de pureza y libertad,
la fuerza de la Unidad
presente en la tierra está,
las lágrimas y el dolor
al instante cesarán
y en toda la faz del mundo
de nuevo AMANECERÁ.

LA VIDA ES BELLA

La vida es bella, aunque me duela aún tu amor,
aunque aún siga sintiendo los porqués,
y vaya entendiendo los para qué.

La belleza de la vida me envuelve
y a veces me rescata del dolor inmenso
de ver y sentir algunas realidades,
tal vez creadas por nuestros miedos
y nuestro orgullo.

Amada Vida, abrázame fuerte,
ayúdame a sanar mis heridas de Amor,
ayúdame a seguir amando,
riendo, soñando y cantando a la Vida
en esta eterna Clave de Amor.

CON UNA ETERNA PREGUNTA

En este canto a la Vida,
en este instante fugaz,
se entrelazan los recuerdos
y en mi danza con el tiempo,
los vuelo a saborear.

¿Por qué este flujo incesante
que me hace estremecer?

La noche ha sido un regalo,
la llave confirmación
y este corazón amante,
abierto en su esplendor,
corrió presto a la llamada
y comprobó su temor,
también su miel y su fuego
y de nuevo en la mañana,
el recuerdo me abrazó,
llenando mi piel de lágrimas
y abriendo mi corazón,
con una eterna pregunta:

¿Por qué ayer sí y hoy no?

A MI MADRE

Querida madre del alma,
ahora que te tengo aquí,
quiero decirte mil cosas
que nunca supe escribir.
Quiero que luches con fuerza
por volver a ser feliz,
recuerda cómo cantabas
y bailabas sin parar.
No dejes que esa alegría
que de ti siempre aprendí,
se marchite con tu vida
y te impida caminar.
Piensa en las cosas bonitas
que la vida te ha entregado,
la música, las canciones
y lo mucho que has amado.
Recuerda que te queremos
y te vamos a ayudar,
con cariño y alegría,
como tú nos enseñaste,
sin volver la vista atrás.

✳   ✳   ✳

CARTA A MI AMADO PADRE

Querido Padre:

Aquí, desde la tumba de Madre, (palabra sagrada que tú me enseñaste), te recuerdo con la devoción que tú sembraste en mi corazón.

Te siento por esta bendita tierra en la que tú, en otro tiempo, tal vez viviste y aprendiste.

En el silencio y la oración que tú me enseñaste, en tantas cosas conocidas a traves de ti, en todas ellas te recuerdo y te honro.

Gracias por tu amor, por tu generosidad, por todos tus cuidados, por tu abnegación silenciosa, por tu amor incondicional.

Te llevo en mi corazón y siempre estarás en él.
Tú, que siendo luz,
viniste y partiste en ella,
alumbra mi corazón
y sigue siendo mi Estrella.

TE QUIERO PADRE.

Auroville – India - 2007

A NUBIA

Ay, mi Nubia,
mi Egipto, mis noches estrelladas,
esas aguas sabias, eternas, sagradas,
el Nilo, sus gentes, sus templos.
Todo es sacro y mágico.

Mi cuerpo y mi alma
danzan entre los palmerales,
ríen y juegan con los niños.

Tu ritmo es el pálpito de mi corazón,
se avivan mis sentidos
con tu belleza exultante,
con la fuerza y el imán
de los ojos que me reconocen,
me llaman y me seducen....
esos ojos, Dios mío!
esos ojos que recuerdo....
esos olores y la música
que alegra y alimenta mi espíritu.

Cuando oigo sus cantos,
un chorro de sangre y alegría
recorre todos mis canales
y mi corazón se expande,
abrazando a todo y a todos.

Soy una en el TODO de esa bendita tierra.
sueño de día y en la noche
con volver a ver el cielo y las estrellas allí
y poder contemplar el alba y el ocaso,
el más maravilloso de los espectáculos que ofrece
a quien quiere y puede disfrutarlo.

Gracias a la Vida por poder sentir
y compartir tanta belleza,
por vivir este infinito amor
que me funde en un abrazo de eternidad
con este lugar tan querido,
con sus gentes y con todo
lo que allí viví, sentí y amé.

Egipto, estás y seguirás estando
en mi corazón y en la memoria de todas mi células.
Los hijos de la Luz y el Amor siempre estamos

junto a ti.

FIESTA EN EL VALLE DIVINO

En tus aguas primigenias,
brotan de nuevo memorias,
el verdor de tus orillas,
la vida y sus sonidos
evocan en mí tus glorias,
espejo vivo del cielo,
aguas de vida y amor,
tus templos y el valle fértil
me hablan de tu esplendor,
tus silencios elocuentes
dialogan con mi interior,
el cielo y la tierra juntos
entonan una canción
para celebrar la fiesta
que hace tiempo se pactó,
en este valle divino
donde se encuentran los hijos
que Osiris e Isis unió,
bajo los rayos de Atón
cantando con firme voz
en esta clave de amor.

* * *

Luxor 22.08.2004

LA BANDA SONORA DE MI VIDA

Sigue el curso de la Vida
en su devenir.

Mi mente, mi corazón,
mi alma, y todas mis células
tienen grabada la música
de la banda sonora de
esta existencia.

El mar, los atardeceres,
Egipto, Jerusalén, el desierto,
van de la mano danzando
los recuerdos, las risas
el amor y la pasión,
las lágrimas y esa infinita
añoranza de estar en
unión total con el Todo,
de los momentos de fusión.

Y siempre la música,
escribiendo en el pentagrama
de mi Vida los recuerdos más felices.

Y siempre aquella bendita
tierra, el Nilo, Nubia,
el desierto, los niños,
aquellos aromas,
la danza, las noches
radiantes, claras y mágicas.

Bendito presente que me permite
recordar y saber
la grandeza de mi Ser,
fundiendo en este eterno ahora
pasado, presente y futuro.

SI TODOS ESTÁN EN MÍ

Sigue presente en mi vida,
... y aún escucho en el silencio
en mi alma, en mi sentir,
en los poros de mi piel,
el encanto de la música,
de flautas, quenas, guitarras,
violines, laúdes, tambores,
chelos, tablas, trompetas,
timbales, crótalos, pianos,
palmas, tacones, voces,
caracolas, mareas, árboles,
aves, animales y humanos,
lenguaje universal para el cuerpo
los sentidos, el espíritu y las manos.

¿Cómo podría elegir un instrumento
si todos están en mí
y yo siempre estoy en ti?

Gracias de nuevo a la música
por hacerme tan feliz.

HASTA QUE ME FUNDA EN TI

Si alguna vez dudé
fue por tu amor, mi vida,
si alguna vez viví
fue para ti, mi vida.

Si alguna vez vibré
fue siendo en ti, mi vida,
recorriendo mi sabia y
mi alma y mi sentir,
desde el comienzo hasta el fin,
por los poros de mi piel,
tú que eres mi latir,
ritmo y tiempo en mi existir,
mi razón para vivir.

Ni quiero, ni sé, ni puedo,
sin ti seguir o morir,
estás presente en mi vida,
desde el día en que nací.

Eres luz en mi camino
y yo vivo para ti,
la que siempre me acompaña
hasta que me funda en ti,
la que trasporta mi alma
cuando me escapo de aquí.

EL ESPÍRITU DE LORCA

El Espíritu de Lorca
se cierne sobre este cielo,
tu dolor y tus lamentos
se cruzan a ras del suelo
y la vida nos atrapa,
nos seduce con sus velos
¡Abrázame, Federico
que estoy llegando a tu cielo!
préñame de tus delirios,
déjame danzar con ellos.

Respiro tus emociones
y voy volando en tus sueños.

Dolor, pasión y añoranza
se desgranan en mi pecho.

Quiero contarte un secreto,
como nunca lo había hecho.

Te sentí por los rincones
de mi cuerpo y de mi alma
acariciando mi pelo
y danzando en mis tacones

¡Abrázame Federico
que estoy iniciando el vuelo!

A GRANADA..., DE ZORAYA

¿Dónde están esas campanas?
¿Dónde están nuestros amaneceres?
¿Cómo puedo recordarte
y añorarte tanto, amada mía?
¿Qué me dejé allí?
devuélveme aquella alegría,
entrégame la pasión
y el ardor de sus besos,
el gozo de los sentidos,
el ritmo de mi cuerpo.

¡Quiero enamorarme otra vez!
quiero ser templada
y afinada por tus manos.

Mi cuerpo es el laúd
que vibra y estalla de gozo
cuando siente tu pulso,
tu aroma y el canto
del agua y los pájaros.

Mis pies y mi vientre
se estremecen al compás
de tu recuerdo...
se desgranan pasado y presente
en mis manos, en mi corazón
y en mi alma.

Llámame. Todo estaba
y está bien,
de nuevo los tres aquí

¿Por qué hoy no y ayer sí?

¿Qué tengo que rescatar,
que romper o liberar?

Alhambra de mis amores,
si no me puedo olvidar
de todo lo que viví
de tanto como allí amé
y de lo que allí juré
y de nuevo en esta vida
nos reencontramos los tres.

Sueño con volver a verte,
sintiendo tu amanecer
y el tañer de tus campanas
estremeciendo mi ser.

Quiero sentirme feliz,
amando y siendo amada,
quiero seguir siendo Estrella
la que por amor brillaba.

LLAMADA DEL DUENDE

¡Bájate a Granada, niña!
¡Niña, bájate a Granada!
que estoy deseando verte,
que aquí te espero... en la Alhambra.

Quiero abrazarme a tu cuerpo,
quiero moverme en tu talle,
dibujar tus azucenas,
sentir tus montes y valles.

¡Bájate niña a Granada!
que la luna te echa en falta.

¡Que quiere danzar contigo,
con las estrellas y el alba!.

Las fuentes te están llamando
los pájaros ya no cantan,
los gitanos andan tristes
y aquí te espera... tu Alhambra.

AZAHARA LA BIEN AMADA

¿Dónde quedó tu esplendor?
Medinat, la luminosa
joya preciada y hermosa,
jazmín, azahar y agua viva.

La querida, la soñada,
la que seducía al sol,
la que la vida alegraba.

¡Medinat, Medina Azahara !

Si tus piedras me contaran,
tanto como allí amé,
lo que mi alma gozara
Medinat, Medina Azahara

¿Cómo no iba a llorar
cuándo en el hamman bailaba?
tu recuerdo me estremece,
te añora mi ser, mi alma.

Mi nombre llevaba el tuyo
y tu memoria en mi alma,
entre Medina y la Alhambra
mi esencia siempre vagaba,
entre azahares y jazmines
mi cuerpo siempre bailaba.

Entre Córdoba y Granada
Azahara la bien amada
y entre esta vida y aquella...

* * *

Medinat, Medinat Al- ZAHARA

VOLVERE DE NUEVO A TI

Y tu voz que siempre me llama,
los encajes de tu luz,
los juegos del agua
y la sombra,
esos olores del arrayán
y las flores
que se han quedado
grabados en mi alma,
el sonido de las fuentes,
la belleza y el amor
que brota en cada rincón.

¡Cómo te añoro mi Alhambra!

el color y la forma,
tu geometría sagrada,
esos espejos del agua
donde se unen cielo y tierra
donde se mira mi alma.

Alhambra de mis amores,
tus celosías me llaman,
tus paredes y ventanas
muestran sus mejores galas
y entre tu luz y tus sombras
se reconoce mi alma.

Cuando me marche de aquí
volveré de nuevo a ti...
para convertirme en agua.

VIDA MÍA, VIDA AMADA

Todo me sobra,
todo me llena,
todo es hermoso
en esta Tierra.

¿Qué les diré
si me preguntan,
que hable de ella?

Que la amo tanto,
que es tan bella,
que aún siendo corta
o tal vez larga
sigo estando enamorada,
sigo sintiendo latir
cada día en mis entrañas,
su magia, su frenesí,
su ternura, sus palabras.

El amor y la pasión,
la locura y el dolor,
el sabor del primer beso,
la luz del atardecer,
sentir la hierba en los pies,
bañarme al amanecer,
vivir y bailar con ella,
vivir y morir por ella.

¡Vida mía!, ¡Vida Amada!
déjame vivir aquí,
que aún no estoy preparada
y quiero seguir amando
hasta que sea llamada.

TE AMO, MÚSICA

Se sigue estremeciendo
mi cuerpo, mi sangre
y todos mis sentidos,
se abren mis entrañas,
tiemblan mis senos
al ritmo del tambor,
me entrego a la danza
como siempre lo hice
en alma, cuerpo y pasión.

Me embriaga, me enlaza,
me eleva y vuelve a poseerme.

Todo Tú se manifiesta en mí.

¡No puedo, no quiero,
escaparme de tu abrazo!

Cíñeme, enlázate conmigo
en este giro infinito,
serpentea mi vientre,
despliega mis alas,
enciende mi fuego bendito.

¡Oh danza amada!
tanto dancé y tanto amé,
que todas mis células
tienen esa memoria grabada.

Recuerda bien, alma mía
que la música es tu vida,
la presente, la futura y la pasada.

DANZANDO

Y como siempre danzando
entre el pasado y el nunca,
entre el ahora y el después,
entre lo que tuve y recuerdo,
entre lo que pudo ser
y lo que es,
entre la Vida y la Partida,
moviendo piezas en este juego infinito,
en esta lucha
sin sentido, ni horizonte.

¿Dónde empieza y acaba
el sentido de este juego?

Si no es cierto ¿por qué tanto dolor?
¿por qué son tan breves las ráfagas
de amor y los soplos de felicidad?

Y tú mi amada música
¿serás el bonito juego
con el que me enlaza la vida
para que siga jugando
a la gallinita ciega,
sin saber cuál es el próximo reto?

Gracias por tu compañía amada.

* * *

EL JARDÍN SECRETO

Mi alma es raptada por una melodía mágica,
entro en el jardín secreto y voy descorriendo
los velos.

El agua discurre

en saltos y remansos, tambores y flautas

me acompañan,

corro, salto y gozo entre arbustos y matorrales.

Flores, hierba y aromas me envuelven, me esperan,
me reciben.

Me engalanan con collares y coronas.

Rosas nardos y azucenas me perfuman.

Un fino velo cubre mi cuerpo, me preparan para
dar un paseo por el bosque,
junto a los ancianos árboles.

El piano y el arpa me abren la puerta.

El violín me muestra el camino,

el chelo acompasa mi vuelo y mis dos guardianes

custodian el hermoso recorrido.

La Vida es exuberante, la presencia divina irradia
por doquier.

Me siento a contemplar el templo de las ninfas

y el nenúfar me habla de sus sueños,

yo le cuento de los míos.

Los dos sabemos y recordamos.
El laúd nos acompaña y la viola se une
en un compás infinito.
El bosque y todos sus seres celebran una fiesta
para recibir un acontecimiento único y excepcional,
el despertar a la Vida,
el comienzo de una nueva primavera.

Gracias a la música por haberme seducido
y transportado en sus brazos...
hasta el jardín secreto de mi alma.

* * *

EN EL TREN DE LA VIDA

Amo profundamente la vida y todos sus estímulos,
agradezco y bendigo a todos mis sentidos y a este
[infinito
y presente Amor que corre por mis venas.

Confieso que amo a la Vida, que amo lo manifestado
y lo que siento y percibo, aún sin manifestar.

Viajo a través del tren de mi existencia y gozo
[en cada estación,
vibro con los tonos del paisaje y en este crisol de
[imágenes
observo el devenir de los acontecimientos en el viaje
[de mi vida.

Cada parada y cada reencuentro sigue siendo una
[nueva y reconocida experiencia.

Desde este tren te escribo mi carta de amor, querida
[y amada Vida.

Sigo siendo tu viajera incansable y quiero seguir
bebiendo y saboreando el jugo de cada minuto
y de este eterno presente, que tú me das.

PACTO ETERNO

En esta danza de vida y muerte,
de amor y miedo,
sigo expandiéndome
y una vez más
este vehículo cósmico
es la música.

Mi alma te sigue
hechizada por la ney,
la zurna y el baglamá.

Mi sangre y mi cuerpo
siguen el ritmo
de la darbuka,
mi corazón arde,
mi vientre vibra
y mi voz se funde
con todo mi ser,
el ritmo, la melodía,
y el Todo.

Entro y salgo a golpe
de tambor.
Sigo siendo, sin estar.

Entro muy dentro.
Es un diálogo inconsciente
de mi alma
y todos los instrumentos.

El gozo y la pasión
me enlazan
y de nuevo,
una vez más,
la música y la vida
me seducen y me abrazan,
juego con las dos
a cada instante.

Somos cómplices eternas,
nuestro pacto de luz y amor
es inquebrantable.

COMIENZOS

Salto por los espacios
y el pentagrama de mi vida.

Entre adagios y andantes
se desgranan los recuerdos,
las lágrimas, el dolor,
los espacios de ternura,
los abrazos del amor,
los paseos por el cosmos
caminando por la voz,
surcando mares y valles,
huyendo del desamor.

Sujétame fuerte aquí
porque el volcán ya estalló

Este ciclo se termina y comienza otro mejor.

VIDA EN FLOR

Verónica, buenos días,
buenos días, vida en flor
quince Primaveras verdes,
doradas y en mil color.

¡Cómo recuerdo aún ahora
cuando los tenía yo!
aún lo siento con cariño
y, sobre todo, ilusión,
también con quince veranos
yo reconocí el amor.

El más bello, el más puro
casi, casi, el mejor;
lleno de fuerza, de vida,
de pasión y de alegría.

Y también algunas veces
todos estos materiales
tejían un fino manto
de tristeza y de dolor.

Porque puede que ya sepas,
o quizá puede que no,
que no siempre se consigue
ni el soñado ni el mejor.

Pero sí debes saber
que la palabra más bella
siempre, siempre es AMOR.

También quiero
que recuerdes, la suerte
que te acompaña.

Eres joven, guapa y buena
tienes montones de amigas
y una familia estupenda
y el arte que día y noche
sigue corriendo en tus venas.

¿Qué más podrías pedir
si todas estas personas
piensan cada día en ti?
aprovecha el "cada día"
y procura ser feliz
con todo lo que ya tienes
y los que están junto a ti,
que los años y la vida
ya se encargarán también
de darte amor, aventuras,
y sorpresas por doquier.

Vívelos con alegría
y procura hacer el bien,
que es la mejor recompensa:
querer mucho y querer bien.

SILENCIOS DEL ALMA

Y tus manos como alas
entretejían silencios….
volando por los arpegios,
bajando el cielo a la tierra,
acunando a las estrellas,
danzando con las galaxias,
como fuente cantarina,
en un susurro del agua,
tus manos bálsamo puro
que con amor cicatrizan
esos desgarros del alma.

Cual arroyo en primavera
se precipita en cascada
y en remansos de silencio
con la brisa se engalana.

Ritmo, vida, luz y magia
se entrelazan y se abrazan
cuando sienten las caricias
de tus manos y tus alas.

Ellas son prolongaciones
de ese corazón que ama
deslizándose entre piedras
como una gota de agua
grabando con sus silencios
esas palabras que guarda.

Gracias con todo mi ser,
mi querida Teresina
por acariciar mi alma.

ESTE CORAZÓN

En esta mañana de Abril
como siempre, la música
me abre sus ventanas
a los recuerdos de mi alma.

Cuántas mañanas
sin vuestros besos,
cuántas noches sin esos abrazos
y una vez más
en esta primavera
la Vida me seduce
y me invita a enamorarme.

Esta rosa que florece
en cada abrazo del Sol
en cada beso del viento
y este corazón
que sigue amando
sin cesar, sin tiempo,
convirtiendo las chispas
en soles y universos
este corazón que bajó
a la Madre Tierra
para llevar a la Luz
lo que se hallaba en Tinieblas.

✳   ✳   ✳

¿SEGUIMOS JUGANDO?

Paseando por la vida y la partida,
de la mano de la música,
mi alma cabalga en esos ojos
eternos que porta mi Ser
y recorre los paisajes del recuerdo,
la voz, mi eterna compañera,
la que inicia mis viajes
a través de ese tiempo,
en este espacio de "no tiempo",
lo que fue, es y será
danzan como fotogramas
en el ojo infinito de mi visión.
El amor siempre está ahí
esperándome y huyéndome
jugando al escondite conmigo
abrazándome y soltándome,
llego a la estación de mi
próximo destino, ¿qué parte
del juego me tocará hoy?

Me dejo sorprender y
casi me lo creo.

Solo Tú sabes los anhelos
de mi corazón.
¿Jugamos?

* * *

2007

CANCIÓN
A LA MADRE TIERRA

TRAMA Y URDIMBRE

Pedí un ángel humano
y no ha tardado en llegar,
un corazón limpio y noble,
un brillante facetado
que no cesa de irradiar
destellos de luz, de Amor
por donde quiera que va.

¡Qué suerte haberte encontrado
antes del tiempo final!

Los pactos se están cumpliendo,
abierto y claro el umbral,
la trama y la urdimbre listas,
preparado está el telar,
los velos de Isis corridos,
la vida de par en par,
estallando de alegría,
de belleza y libertad

¡Alégrate, Madre Tierra
que aquí tus hijos están!

Dándote gracias por siempre,
por habernos permitido
en tu espacio caminar,
por el refugio y los frutos
que cada día nos das,
porque eres fuerte y hermosa
y no te cansas de amar.

*　　*　　*

BENDITO PRESENTE

Bendito presente,
por siempre, bendito hoy,
ángeles, guías maestros
gracias a todos os doy.

Qué fuerza tiene el Amor
qué fuerza tiene el perdón
que todo se purifica
que todo se hace mejor,
todo florece a la Vida
cuando habla el corazón.

Juntos podemos mover
la tristeza y el dolor,
el rencor y la injusticia,
la sombra y la densidad,
solo el Amor y el perdón
traerán la Luz y la Paz
a este hermoso planeta,
que, a pesar de su dolor,
nunca se cansó de amar.

2.000

A TI MADRE TIERRA
EN CAMELOT

Todo repite tu nombre,
luz y alegría del mundo,
todo está presente en ti
gracias a ti Madre Tierra
por hacerme tan feliz.

En este bello jardín,
recibí esté regalo,
sintiendo tu gran Amor
cielo, tierra, sombra y luz
y sabiéndonos hermanos.

¡Oh Camelot!
tu suave y dulce magia
expande mi Ser,
todo me integra
y me abraza,
todo está bien aquí.

Hoy siento que todos nuestros sueños
son eterna realidad

* * *

Glastonbury, 1999.

A LA LUZ INCANDESCENTE
DE LOS NIÑOS

En la soledad de mis pasos,
en el silencio elocuente
de mi alma,
en la consciencia
del dolor y la escasez
de mis hermanos,
en este grito esperanzado,
mi voz te llama.

¡Despertad hijos del alba!

la belleza de esta tierra
es tan honda
que traspasa
y los ojos de los niños,
son bendiciones
que abrasan,
como luz incandescente
por los rincones del alma.

CIELO Y TIERRA

El cielo y la tierra juntos
se pusieron a bailar
el agua cubrió sus senos
y ella se dejó abrazar.

En esta danza de amor
mi Ser quiso acompañar,
los árboles y las flores
también se quieren sumar,
los pájaros con sus trinos
preparan marcha nupcial.

La Diosa presta y radiante
abierta a su parto está,
preñada de Luz y Amor,
celebrando con sus hijos
esta nueva primavera
que muy pronto parirá.

*   *   *

Glastonbury, 2007

SUEÑO DE DIOSES

Cielo, tierra, mar y aire
se pusieron a danzar
y los Dioses del Olimpo
al saberse convocados
quisieron participar,
Afrodita exuberante,
con Apolo apareció
Ariadna con su Dionisos
velos de oro tejió,
Psique, Eros y Atenea
se presentan a la par,
Zeus, Neptuno y Baco
han preparado un altar
el Parnaso y el Olimpo
se trasladan de lugar
todas las islas de Ellade
hoy se vuelven a juntar,
los ángeles y los elfos
se saludan al llegar.
El oráculo de Delfos
abierto de par en par,
Jerarquías y Maestros
acuden a este lugar

y el Plan Divino del Cristo
en la belleza suprema
del Amor y la Bondad
se expande por los confines
de esta hermosa realidad
y una vez más en la Tierra
la trama y la urdimbre listas
y preparado el telar.

Gracias de nuevo
a la Vida por poder participar
en este sueño de Dioses
que hoy es dulce realidad.

*   *   *

Mikonos 2007

MATICES

En la paz de mi alma
cuando contemplo tu obra,
me adentro en la inmensidad
de ese mar que hoy disfruto,
cual lienzo de mil matices,
al que quisiera plasmar,
verdes, azules y grises
se combinan a la par
y en el azul de mi alma
la belleza de esta tierra
ahora y siempre estará.

* * *

Mikonos 2007

RUTAS CÁTARAS

Gracias una vez más
por todas las señales
y confirmaciones
que llegan a mi alma
a través de la música.

El Nuevo Mundo está aquí ahora,
en efecto este lugar nos recibe
con honores.

La flauta, el arpa, y la guitarra
nos conectan con nuestra esencia
y el Todo.

Una vez más el lenguaje universal
nos enlaza y nos hermana
y, como siempre, la magia…
Granada, el agua y la Alhambra,
los recuerdos más hermosos
hoy desfilan por mi alma,
en esta hermosa Abadia
en el cuore d'Ocitania
cual cascada saltarina

los tres dialogan y ensamblan,
recorren espacio y tiempos,
en un paseo por el mundo,
melodía, ritmo, pasión y silencio
juegan, se enlazan y abrazan.

Presto cogí las señales,
las claves y los recuerdos
que mis memorias guardaban
Gracias de nuevo a la vida
por esta noche de magia.

Rennes-le-Château, 2007

ARUNACHALA

Abajo ruidos y mugre,
arriba paz y silencio,
devas, flores y maestros
juegan con las mariposas
en un encuentro perfecto,
la energía de Ramana
se mezcla con los recuerdos,
mi Ser se expande en su paz
y se libera del cuerpo,
gracias de nuevo a la India
por este encuentro secreto.

Los signos y los dibujos
me dan la confirmación,
descifrando los mensajes
que escucha mi corazón.

Bendito sea este lugar
Bendito sea Ramana
y lo que dejó al pasar.
Namasté

＊　　＊　　＊

India 2007

CONTRASTES

A Shiva. Lakshmi
India de los mil colores
de las luces y las sombras,
de diferentes sabores,
olores, flores y formas.

India que inunda mi Ser,
las mujeres y los niños
me invitar a mirar y a ver.

Ocres, verdes y marrones
se combinan con el cielo
y forman una paleta
con multitud de colores
que en este hermoso jardín
quiso el Padre así plasmar
el Amor de los Amores.

Y la Madre, con sus frutos,
a sus hijos regaló
bendiciones y abundancia
que por la India esparció.

* * *

Namaste
India 2007

RAMANA MAHARSI

Los cánticos devocionales
despiertan memorias en mi alma.

Sonidos conocidos
y recordados por mis células.

Siento la paz en mi corazón.

Gracias a la vida
y a esta bendita tierra
por permitirme compartir estos momentos,
desde mi divina Presencia YO SOY
en unidad con el Todo.

Bendita India
y benditos sean sus hombres,
mujeres y niños,
así como todos los no visibles.

Bendito sea Ramana y su linaje
Namasté

* * *

India 2007

VIAJE INTERIOR

Selvas, lluvia, vida en flor
sonidos que me acompañan,
verdes llenos de esplendor.

Naturaleza que brota,
estallidos de color.
Itinerarios del alma
que recorro en un viaje
a través de mi interior,
limpiando y reconectando
lo presente y lo anterior
con ese ocho infinito
que me conecta a tu Amor.

Gracias de nuevo a la Vida
Gracias por siempre Señor.

AL COMPAÑERO DEL ALMA

¡QUE ESTAMOS EN PRIMAVERA!

Me sigue hablando tu risa,
sigo escuchando tu voz
el laúd y la flauta
me llaman suavemente...

No quiero morir al amor,
estréchame en tus brazos,
mírame amor mío,
lléname de besos,
vísteme de caricias,
acúname en silencio,
cúbreme de arpegios
perfúmame de nardos,
coróname de primaveras,
sorpréndeme en una noche estrellada
entre luces y sombras,
... cerca del agua,
sedúceme, una vez más,
junto al ciprés.

Mi corazón te llama.
Mi alma te espera.

Estoy llamando a tu puerta
y la mía sigue abierta...

No te olvides amor mío
que estamos en primavera,
que tu ser va junto al mío
y que tu sombra me acecha,
que tus silencios me llaman
y que tus miedos me estrechan.

No te escondas, amor mío...
que estoy llamando a tu puerta.

*   *   *

SE VOLVIERON A CALLAR

Y la vida con sus retos...
...y este corazón abierto
de par en par,
sintiendo tu tristeza,
tu mirada y tu dolor
al caminar.

Tantos besos...
tanto amor que estas pidiendo,
y yo no te pude dar.

Mi alma habló con la tuya,
en esa línea directa
que siempre abierta está.

El pasado y el presente
se volvieron a juntar,
nuestros ojos se encontraron,
nuestros cuerpos se abrazaron,
y de nuevo nuestros labios...
se volvieron a callar.

Y DESPUÉS DE TANTA ESPERA

¿Por qué circunstancia o magia
llegaste aquel día a mi?
¿Por qué bebí de tus mieles?
¿Por qué tu alma sentí?
¿Por qué nadando en tus ojos
remansos de paz viví?

¿Por qué fundida en tus brazos,
en tus besos y en tu piel,
de pronto, volvía a sentirme
como una nueva mujer?

¿Por qué, amor de mi vida,
compañero de mi alma,
hoy has vuelto a aparecer?

Tu recuerdo me acompaña,
tu voz resuena en mí,
tu ternura está en mi alma
pidiendo estar junto a ti
en el mar, en la montaña
y gritando a cada instante
¡Junto a ti quiero vivir!

Y después de tanta espera...
¿Por qué hoy has vuelto a mí?

No me importan las respuestas
pero sí que estás aquí
que quiero vivir contigo
y merezco ser feliz.

OCUPA BIEN TU LUGAR

La llave es el Amor
escribí cientos de veces.

¿Qué pasó en otros tiempos?
¿Por qué los vuelvo a encontrar?
¿Por qué yo los reconozco
y su Ser también al mío?
¿ Por qué de nuevo la vida
nos ha vuelto a fusionar?

¿Por qué es tan breve el encuentro
si sé que todo está bien?
¿Por qué mi esencia de Diosa
siente ganas de llorar?
mil veces me pregunté:
¿Ya con todos acabé?

No quiero dejar de amar,
en este eterno presente,
tan grande es ya mi templo
que todos tienen lugar.

Mas yo, en este ahora,
ya quisiera caminar,
de la mano de un
compañero amante,
que me acompañe al andar
en mi camino de vuelta,
al que siempre fue mi hogar
y siempre mi corazón
escucha su suave voz:

"Rosa amada de Sion,
siempre acompañada vas
y cuando tus pies flaquean,
yo te recojo en mis brazos
y te vuelvo a recordar:

Bendita seas mujer,
bendita por tanto amar,
El Padre Eterno y el Hijo
siempre junto a ti están,
el Espíritu te inunda
y todo está en su lugar.
Ama y disfruta la Vida
y ocupa bien tu lugar;
nada tiene que temer
el que tanto supo dar,
reconoce tu YO SOY
y recuerda que te amo
desde toda la eternidad."

A MI QUERIDO CABALLERO

En tus ojos las preguntas
y en tus labios las respuestas,
en tus manos la ternura
que tu corazón despierta.
Tu cuerpo cicatrizando
las heridas del amor,
los recuerdos, las traiciones
los días de soledad,
las verdades que tu alma
celosamente guardó.

Y en un cruce del camino
y en este tiempo crucial,
mi alma te reencontró
y al cruzarse con la tuya
su alegría recobró.

¿Por qué sufres?
me preguntas,
no sé, respondió mi voz.

Pero mi ser y mi cuerpo
recogieron tu dolor,
también tu amor, tu ternura
tu deseo de volar,
de cambiar y transformar
el temor y la injusticia
por amor y libertad.

...Y de nuevo nuestras almas
se volvieron a juntar...

PARA TI

Tañer de campanas,
galope de caballos desbocados,
bocanadas de pasión y miedo,
miles de abrazos y caricias
no entregadas,
ríos de sangre y fuego
danzaban en mis entrañas.

Tormentas que habían sido silenciadas
rabia, dolor y lágrimas,
junto a fuentes cristalinas
en las que yo me bañaba.

Ojos, manos, pecho y piernas,
todo mi cuerpo vibraba,
todo él se estremecía
cuando el agua me abrazaba,
acariciando mis muslos
el nenúfar y las calas.

En aquel bello jardín
lleno de flores y magia,
escuché por vez primera
tu laúd y tu guitarra.

Al revivir hoy mis sueños,
vuela de nuevo mi alma
a donde fui tan feliz
allí donde yo bailaba,
a la que fuera mi casa,
a la que yo tanto amaba.

Qué lenguaje tan sutil,
qué fuerza tan desgarrada,
qué torbellino de amores,
qué tristeza tan guardada.

Qué ternura esparcida
por los rincones del alma.

¿Era un sultán, era un hombre,
tal vez un ángel hermano,
el que esta noche tocaba?
dialogando con mi voz
y el arpegio de tus manos,
mientras yo... me recordaba.

LAS JUGADAS DEL AMOR

La vida me da regalos
que yo me apresto a coger,
en este tren de mi vida
ya no hay tiempo que perder.

A veces, con cuentagotas
se me dispensa el placer,
breves dosis de recuerdo
para no olvidar, tal vez,
que aquí también está Él
en los besos y en el cuerpo
de un hombre y una mujer.

Sorpresa, magia y fusión,
un encuentro, dos deseos,
entrega en alma y pasión.

Somos niños recordando
las jugadas del amor,
pues los dos sabemos bien
que no hacen falta palabras
para transmitir al cuerpo
lo que se siente en el alma
y nos confirma la piel.

* * *

REENCUENTRO

Los dos somos seductores,
los dos fuimos seducidos
por las fuerzas de la vida,
por los recuerdos vividos.

Qué larga ha sido la noche,
qué impaciencia en esta espera,
qué gozo haberte encontrado
y además de esta manera.

Al acariciar tu pelo
y sentir tu abrazo cálido
he vuelto a recuperar
los momentos olvidados.

Noche difícil y larga
de presente y de pasados.

Quisiera hacerte feliz
tanto como tu deseas
y ser ese alma gemela
que en todo momento esperas.

Tu luz me llena de paz,
tu ternura me libera,
sentirte es como un volcán
y no amarte una condena.

ME ALEGRO CON TU ALEGRÍA

Comienza un nuevo día,
en mi corazón tus ojos,
he leído la tristeza y el dolor,
son ojos que en otras vidas
compartieron nuestro amor.

Tus ojos, labios y manos
en su silencio me hablaron.

Me alegro con tu alegría
y me duele tu dolor,
amor, amigo del alma,
déjame que te acompañe,
que comparta estos momentos
y te arrope con mi voz,
nada de lo que ocurra en tu alma
pasa de largo a mi amor.

Sigo estando siempre aquí
muy junto, a tu alrededor,
acepta todas las pruebas,
nos enriquece el sentir.

Escucha tu corazón
y recuerda que mi Ser
caminando junto al tuyo
desea verte feliz,
renovando nuestro pacto
de saber, estar, sentir,
Ser, Amar y Servir.

Libera al punto tu mente
y abre tu corazón.

No tengas miedo de ti,
que tu ángel te acompaña
y te ayuda a ser feliz.

GRACIAS POR EL REENCUENTRO

Gracias por todo mi amigo
por ayer, por hoy, por siempre,
Gracias por todo mi amor.

La música y los recuerdos
invaden mi corazón,
velas, aceites, inciensos,
tus caricias, tu ternura,
el encuentro de dos almas,
nuestros momentos de gozo,
de recuerdos, de dolor.

Todo se mezcla en mi ser
en este Templo Sagrado
en donde habita el amor.

No quiero dejar de amar
ni de vivir a la vez.

Aunque hoy no estés aquí
vives en mi corazón,
en mi alma, en mis entrañas
en los poros de mi piel
en los surcos que llenaste
con los besos y caricias
que me diste y te entregué.

Sigue adelante, mi vida,
y no te canses de amar,
de aceptar y perdonar,
que si Dios me lo permite,
y esa es tu voluntad,
mi cariño y mi energía
siempre junto a ti estarán.

AGUAS SAGRADAS DEL NILO

Sigue danzando mi vida
entre pasado, presente y futuro,
encuentros, vivencias, sentimientos,
pasión, música, … siempre ella,
presente en todo momento
en mi corazón,
discurriendo por mis venas.
Savia que me renueva y alimenta.

Tus brazos, tus ojos, tus labios…
nuestra música… el Nilo
una vez más presente y pasado
bailando estrechamente,
sintiendo latir la vida en nuestros cuerpos,
reconociendo nuestro fuego,
inundando nuestras almas
en esas aguas sagradas.

Una vez más, recordándonos
por dentro y por fuera,
no puedo evitar quererte,
no quiero dejar de amarte
y sentirte con todo mi Ser.

Tú ya sabes, mi amor,
tenemos toda la eternidad
y este encuentro está sellado
y protegido por los dioses.

La espera ya terminó,
éste es nuestro tiempo.

*   *   *

AL AMOR INFINITO

LA BELLEZA DE DIOS

Si yo tuviera que hablar de la belleza de Dios
¿cómo lo podría expresar?
infinitos son los recuerdos y los momentos
que guarda mi alma y mi Ser.
Infinitas son sus manifestaciones e infinito es
lo aún no manifestado.
¿Cómo podría encontrar una palabra
que pudiera albergar tan ilimitada belleza?
te siento al amanecer, en esa luz que avanza
 e inunda,
que transforma y da vida.
En los montes, en las nubes, en el mar,
en el arroyo en primavera, en la mies
cuando es besada por el viento,
en la tormenta estival, en los atardeceres
inolvidables
que Tú nos regalas cada día.
En las inmensas noches estrelladas,
en todas las estaciones,
en la densa niebla,
en los ojos de un niño,
en los pechos de una madre que amamanta,
en dos cuerpos que se funden en la unidad.

En la música, en la danza
en los lienzos de cada día.
En las manos que piden,
en los brazos que estrechan,
en los labios que besan,
en las manos que acarician y sanan,
en la palabra que calma y perdona.
En la compasión, la libertad y la justicia.
en los hombres que comparten y crean un
mundo mejor,
en los niños felices, que viven, juegan
y crecen en Paz, en los que sufren, en los
marginados.
En la vida y en la muerte
en la risa y el dolor
en esa palabra eterna
que te define, Señor.
La esencia de mi YO SOY
será por siempre TU AMOR.

*   *   *

PLEGARIA

Desde el Templo del Dios
Vivo en mi corazón,
me uno a las plegarias,

YO SOY la que SOY
en conexión con la Fuente
QUE TODO ES,
YO SOY LUZ, AMOR, PAZ
Y CO-CREADORA CON DIOS
GRACIAS PADRE -MADRE
PORQUE TODO ESTÁ BIEN

Así es, así es, así es y así será

Gracias Ramana por tus
emanaciones divinas de Amor

Namasté

A TI MI JARDINERO

Todo estalla de esplendor
en esta cueva divina,
tu presencia se respira
en la obra insuperable
que nos muestra el Creador,
los almendros florecidos,
la nieve en las altas cumbres,
la vida que estalla en pleno,
la esperada primavera
que ya a la cita acudió.

El Amado siempre presto
y el alma siempre encendida
y abierta como una flor.

Reencuentro tan esperado,
Tú que sabes mi dolor,
Tú mi amado jardinero,
¿Quién regará esta flor?

Las espinas de la rosa
hirieron mi corazón,
esa rosa que cortaron
para ofrecer al Amor,
esa rosa jardinero
que desde siempre te amo

RECORDANDO AL AMADO

En las nieblas
de mi alma
también a Ti me encontré,
tu amor presto iluminó
los rincones de mi Ser.

Claro se fue perfilando
lo que fue y lo que es,
la bruma se transformó
en luz viva de tu amor,
la tierra se despertaba
y se dejaba abrazar,
llena de luz y color
y siempre dispuesta a dar.

Gracias, jardinero Amado,
por mis brumas disipar,
gracias por estar de nuevo
en este hermoso lugar

SUSURRO DE LA AMADA

Henchida de Amor y gozo
aquí me encuentro mi Amado,
nutriéndome del silencio
que tanto tiempo he buscado.

Yo en ti y Tú en mi
siempre hemos caminado,
sujétame bien y fuerte
que mi dolor es pesado,
cuánto tiempo caminé
por la aridez del desierto,
sin el agua de tus besos
siguiendo siempre tus pasos;
gira tu rostro hacia mi,
mira que te estoy llamando
que la llama sigue viva,
que sin ti no sé vivir,
ni puedo seguir andando.

LA MAGIA DE ESTE JARDÍN

En este bello jardín,
preludio de otros regalos,
entre jazmines y azahares
con agua, ranas y pájaros,
luz, belleza, sol y mar,
oasis de los sentidos,
todo te invita a gozar.

La vida nos da regalos
y nos permite soñar,
pudiendo vivir los sueños
que el alma quiso alcanzar,
recordarlos y sentirlos.

¿Se podría pedir más?

Todo tiene su razón,
todo ocupa su lugar,
todo está bien en mi vida
y lo que ha de ser será.

Todo tiene Tu presencia
Amor, todo me lleva hasta Ti,
su cariño, su ternura,
la magia de este jardín,
la fuerza de estas dos almas,
nuestras ganas de vivir.

TODO TIENE TU COMPÁS

Se me escapa el alma
por los poros de la piel,
se transporta mi Ser
de la mano de la música,
brota, salta, surca,
bordea, abraza,
se enlaza en un compás infinito,
juega con las esferas,
danza con las galaxias,
se esconde en un mar de nubes,
se contonea al son de una guitarra
y vibra con el tambor,
se abre con el sonido del cuenco
y se derrite de gozo
si el piano le habla de amor.
La voz me acompaña
en mi viaje hacia el Sol.
Todo tiene **tu compás**,
todas las flores se abren
en un instante al pasar,
cuando vamos de la mano
los dos juntos por el cosmos
y caminando a la par.

* * *

1998

CANSANCIO AL CAMINAR

Amado mío, te añoro tanto…
cierto es que te siento cerca,
cierto es que me avisaste,
pero ¿cómo no iba a percibirlo
Amor mío?

Ese reconocimiento
que mi alma recogió,
desde el primer momento,
era tu energía, tu vibración,
tu paz.

¡cómo te añoro Rabí!

Me dijiste que así sería
y así es, gracias por este regalo.

Bendito sea el Ser que me has enviado
como mensajero de tu amor,
al instante te recordé
y te reconocí en sus manos
y al acercarme a la luz
de su corazón,
me volviste a traspasar
y otra vez me preguntaste.

¿Por qué sufres vida mía
si nada te va a faltar?
y mi alma te responde:
"Porque a veces este cuerpo
se cansa de caminar."

✦   ✦   ✦

MARÍA LA DE MAGDALA

A ti, mi Amado, busqué
por los jardines del alma,
entre montes y collados
siempre te sentí y hallé.

El horizonte me hablaba
y el viento me respondía

"No llores más rosa amada,
bella rosa de Sión,
que en tu sangre va mi vida.

Eterno soy siempre en ti,
bendita seas mujer,
María la bien amada,
bendito sea tu Ser
María la de Magdala."

29-7-2007
Rennes-le Château

OTOÑO

Columnas de esmeralda y oro
se yerguen sobrias y altivas
sobre un tapiz de diamantes y rubíes,
y en sus hojas bicolores
se forman reflejos ténues,
que con los rayos del sol
van prodigando caricias
de paz, amor y color.

El viento ciñe su talle
y con un ligero beso
alfombra de hojas el valle.
El pólen y las esencias
se percibe al respirar
el agua y las hojas secas
invitan a caminar.

¿Quién os dió esos colores?

¿Quién cuida ese verdor?

¡Qué jardinero de amores!...

¿Quién sino Tú, Señor?

✳ ✳ ✳

RAFAEL Y MARÍA

Junto al mar con mi consciencia,
junto al mar con mi alegría,
junto al mar con el camino
que va marcando mi Vida.

Suelto las cargas pasadas
y recibo vuestra ayuda,
con un corazón abierto
para disipar las dudas.

Bajando el Cielo a la Tierra
estáis en el Puig Campana
y a la lluz de vuestro Ser
repican con alegría
los ángeles y las almas.

Hijas amadas de Dios,
las mujeres de Sión,
las que sostienen la Vida
¡El otro tiempo acabó!

¿Acaso no estáis oyendo
el gozo de vuestro encuentro?
Repican hoy las campanas
en todas las dimensiones
y la semilla del cambio
florece en los corazones.

Puig Campana 6.1.2006

A MIS HERMANOS LOS ÁNGELES

Desde este espacio denso y cambiante, os escribo queridos hermanos.

Desde este punto de luz y conciencia en el que me encuentro, os recuerdo.

En verdad es hermosa esta tierra, pero mi corazón os añora...tanto, tanto!

Ya me encontré con muchos de los nuestros,

aunque algunos aún no recuerdan quienes son y ellos siguen acudiendo a la llamada incesante del Amor y se funden en mi inmenso corazón... y aún no lo saben.

Gracias, porque sé que estáis conmigo y os siento a cada paso, en cada cruce y rincón del camino.

Desde este hermoso planeta os doy las gracias,

porque todo lo que pacté y me fue confiado se está cumpliendo.

Seguid acompañándome en mi viaje de vuelta al hogar, en este tiempo crucial que vibra y me envuelve.

Seguid recordándome quién soy y porqué estoy aquí

Vuestra amada Ariadna

Índice

Felí Moreno Romero:
Poeta de la esencia y la sanación

Nace en Madrid, escritora, poeta, Promotora Cultural, Formadora y Naturópata. Ha publicado tres libros de poemas, un DVD y dos Antologías Poéticas, Los Pétalos del Diwan y Semper Verbum lll, en las que ha participado junto a otros poetas.

Desde el año 1998 en que presenta su primer poemario en el Centro Cultural de la Villa, ha organizado y participado en varios recitales poéticos, tanto en España como en diferentes países. Entre ellos: Huellas de Al-Ándalus l en Casa Árabe de Córdoba, así como en el Palacio de Carlos V de la Alhambra en Granada en el Proyecto Intercultural Espiral. Ha recitado sus poemas en SGAE, en diferentes ocasiones y es invitada con frecuencia al Ateneo de Madrid, al Festival de Poesía y Arte Grito de Mujer. Junto a la editorial Libros con Atenea y El Aleatorio Bar participa en la iniciativa Por y Para la Poesía rea-lizando recitales poéticos en homenaje a grandes figuras de la literatura universal y llevando la poesía a los más jóvenes creando talleres escolares en el colegio Centro Cultural Salmantino. Es socia de la Casa de Granada en Madrid y colabora en el Proyec-to Cultural Granada Costa.

Sus libros y poemas nos ayudan a despertar y elevar la Consciencia de unidad y solidaridad. Al respeto por la Naturaleza y la Madre Tierra. Son perlas de Luz, Amor y Sabiduría. El Poder de la palabra y la voz puestos al servicio de la Humanidad. Son poemas para Sanar el Alma y promover la Paz.

Cómo contactar con
Feli Moreno Romero

♋ Teléfono: 667 76 16 29
         91 576 98 77

♋ Correo:
feli.morenor@gmail.com

♋ Redes Sociales:
feli.morenoromero

VISITA SU ESPACIO DE TERAPIAS NATURALES

Un espacio donde Feli Moreno Romero trabaja e imparte sus experiencias y encuentros aplicando:

δ Naturopatía
δ Fototerapia Bioptrón
δ Técnica Metamórfica Integrada (T.I.M.)
δ Reflexología Podal
δ Flores de Bach
δ Orientación y Desarrollo Personal
δ P.N.L.
δ Numerología Evolutiva
δ Relajación y Visualización

δ Talleres, cursos y conferencias

www.ingramcontent.com/pod-product-compliance
Lightning Source LLC
Chambersburg PA
CBHW022142150726
47992CB00002B/717